AF224287

ANALYSE DES RAPPORTS

DES

PROCUREURS GÉNÉRAUX, PROCUREURS DU ROI

ET DE LEURS SUBSTITUTS,

SUR

L'EXÉCUTION DE L'ORDONNANCE DU 5 JANVIER 1840,

PAR

M. JOLLIVET,

MEMBRE DE LA CHAMBRE DES DÉPUTÉS, DÉLÉGUÉ DE LA MARTINIQUE.

PARIS,

IMPRIMERIE D'AD. BLONDEAU, RUE RAMEAU, 7,

PLACE RICHELIEU.

1841

ANALYSE DES RAPPORTS

DES

PROCUREURS GÉNÉRAUX, PROCUREURS DU ROI

ET DE LEURS SUBSTITUTS,

SUR

L'EXÉCUTION DE L'ORDONNANCE DU 5 JANVIER 1840,

PAR

M. JOLLIVET,

MEMBRE DE LA CHAMBRE DES DÉPUTÉS, DÉLÉGUÉ DE LA MARTINIQUE.

———— ◦◦◦ ————

L'ordonnance du 5 janvier 1840 institue les magistrats du parquet *patrons* des esclaves, et elle les charge : « de se « transporter périodiquement et toutes les fois qu'il y « aura lieu sur les habitations, afin de s'y assurer de l'ap- « plication des réglements relatifs aux esclaves, et d'y « faire toutes les enquêtes et constatations à ce néces- « saires, etc. »

On se rappelle que, dans la séance de la chambre des députés du 6 mars dernier, de vifs reproches ont été adres- sés aux habitants qui s'étaient opposés à l'exécution de cette ordonnance.

On attribuait leur opposition aux causes les plus répré- hensibles.

Ils redoutaient, disait-on, la présence et la surveillance des magistrats.

Ils voulaient cacher à tous les yeux le régime disciplinaire des noirs de leurs ateliers, mal nourris, mal logés, mal soignés dans leurs maladies, soumis fréquemment et au moindre caprice à des châtiments corporels. Déjà M. le Ministre de la Marine et des Colonies avait fait justice de ces accusations, en lisant, dans cette séance, les rapports qu'il venait de recevoir du gouverneur de la Guadeloupe.

Il a reçu depuis, tant de la Guadeloupe que de la Guïane française et de la Martinique, de nouveaux rapports qui viennent d'être imprimés par son ordre, sous le titre : *Exposé sommaire de l'exécution de l'ordonnance royale du 5 janvier* 1840.

Il résulte de ces documents officiels, que si des colons ont résisté, c'est que l'ordonnance leur a paru dictée par un sentiment de méfiance qu'ils savaient n'avoir pas mérité. Qu'ils se regardaient comme les meilleurs *patrons* de leurs esclaves, et qu'ils avaient craint que l'intervention des magistrats n'amoindrît l'autorité morale, si nécessaire aux maîtres.

Le procureur du roi de la Basse-Terre (*Guadeloupe*) reconnaît positivement que la résistance des colons n'a pas eu d'autre cause.

Il ajoute que quand il a passé outre, il a trouvé que ceux-là même qui avaient été *les plus récalcitrants* (c'est l'expression dont il se sert) étaient irréprochables, et que le régime disciplinaire de leurs ateliers était *des plus satisfaisants* (1).

Il constate qu'il a visité avec un soin particulier l'habitation *le Duché*, appartenant au *sieur Amé Noël*, homme de couleur, qui avait été, peu de temps auparavant, traduit aux assises, comme accusé d'avoir fait périr un de ses esclaves ; que cette habitation offre un aspect de grande prospérité. L'atelier y est nombreux, les esclaves y sont heureux en tout ce qui tient à l'existence matérielle : bonnes cases, bonne nourriture, aisance tirée des profits de la pêche, qui est très abondante sur la côte, jardins des nègres vastes et bien entretenus. Il n'a trouvé personne à l'hôpital, et s'est assuré que quand il y avait des malades sérieusement atteints, on les faisait soigner et même porter en ville pour y être traités par un médecin (2).

Dans l'arrondissement de *Marie-Galante*, les jardins des noirs sont bien entretenus ; leur nourriture, soit au moyen de la ration dite *ordinaire*, soit par l'abandon du samedi, est saine et abondante ; les vêtements sont délivrés dans les quantités prescrites, et quelquefois même au delà ; les hôpitaux ne sont pas tous également bien tenus et bien situés, et, à cet égard, des représentations ont été faites à plusieurs habitants, mais il n'y a presque

(1) *Exposé Sommaire*, page 24.
(2) *Idem*, pages 25 et 25.

pas de malades. Les cases à nègres sont généralement propres et bien situées ; tous les ménages élèvent des volailles, des cochons, des cabris et quelques uns même des bœufs. Sur les petites habitations, le régime des noirs est beaucoup moins satisfaisant. La misère des maîtres paralyse presque partout leur bonne volonté. Sur certaines habitations, le fouet n'est plus qu'un moyen comminatoire et sans application (1).

Arrondissement de Saint-Martin. — Le magistrat fait connaître, habitation par habitation, les résultats de sa tournée, qui a embrassé la majeure partie de sa circonscription : « Sur les habitations prospères, et c'est la majorité, le régime est satisfaisant ; sur les autres, les prescriptions réglementaires, quant à la nourriture et aux vêtements, ne sont pas bien exécutées ; partout le régime disciplinaire est modéré » (2).

Dans *l'arrondissement de la Basse-Terre*, le régime des ateliers est satisfaisant ; l'enseignement religieux y a pris un essor rapide, et les planteurs voient avec plaisir se développer ce puissant moyen de moralisation (3).

L'emprisonnement est plus généralement en usage au-

(1) *Exposé Sommaire*, page 25.
(2) *Idem*, page 28.
(3) *Idem*, page 31.

jourd'hui que par le passé ; il tend à se substituer à la peine du fouet ; c'est ce que j'ai pu reconnaître dans ma première tournée, et j'ai indiqué les causes de ce changement salutaire (1).

GUÏANE FRANÇAISE.

Dans les grandes habitations d'Approuague et de Kaw, le propriétaire, dans sa prévoyance, entretient des plantations de bananiers assez considérables pour rendre inutiles au noir les produits de l'abatis de manioc qu'il cultive pour son compte, et dont il peut réaliser la valeur à son profit ; mais encore chaque semaine, pendant huit mois, ou l'année entière, suivant la situation et l'aisance de l'établissement, des distributions de morue ou de poisson salé sont régulièrement faites à l'atelier, sans que la pêche, si abondante dans les eaux de la Guïane, les animaux domestiques et la volaille qu'il élève en grande quantité, selon les localités, y soient un obstacle (2).

Une ordonnance locale du 5 floréal an XI a étendu, pour les vêtements à fournir annuellement au noir, les obligations imposées au maître par l'édit de mars 1685. Aujourd'hui quelques aunes de toiles ne suffiraient plus pour acquitter sa dette, et l'esclave a droit à deux rechanges complets.

(1) *Exposé Sommaire*, page 33.
(2) *Idem*, page 38.

L'humanité du maître a été plus loin que les réglements.

L'ordonnance coloniale prescrit, non seulement les précautions qui doivent être observées pour assainir l'hôpital, mais encore l'entretien, sur toutes les habitations, d'une petite pharmacie, composée des remèdes les plus usuels. Sur la majeure partie des grands établissements, il suffirait de quelques modifications matérielles, peu considérables, pour rendre l'état des choses complétement satisfaisant (1).

Généralement, aujourd'hui, l'administration est plus douce et plus intelligente qu'autrefois. Le fouet, aux yeux du plus grand nombre, a perdu de son efficacité; l'emprisonnement pendant la nuit, que l'on penche à lui substituer, paraît le meilleur moyen pour vaincre les instincts paresseux et la répulsion des noirs pour le travail (2).

BOURBON.

L'ordonnance du 5 janvier 1840 a été promulguée dans la colonie de Bourbon, le 9 juin suivant.

(1) *Exposé Sommaire*, page 39.
(2) *Idem*, page 39.

La correspondance du gouverneur annonce qu'on prépare sa mise à exécution (1).

Les rapports des magistrats ne sont pas encore parvenus au Ministère de la Marine et des Colonies.

MARTINIQUE.

Le procureur du roi de *l'arrondissement de Saint-Pierre* a remarqué partout des progrès sensibles, quant à l'instruction religieuse des noirs. Le nombre des individus assistant aux instructions paroissiales (qui, en 1839, n'était que de 3,200 environ) s'est élevé en 1840 à 4,403 (2).

Les mariages sont encouragés et même rémunérés par les maîtres, mais ils sont encore rares sur la plupart des habitations, par l'effet du peu d'inclination des esclaves à former ce lien. Cependant le nombre des mariages augmente. En 1839, il n'a été que de 42, en 1840 de 28 pendant cinq mois, ce qui, proportion gardée, donnerait pour l'année 67 mariages (3).

(1) *Exposé Sommaire*, page 45.
(2) *Idem*, page 7.
(3) *Idem*, page 8.

Les distributions de vivres sont suffisantes à l'égard des noirs à qui on n'abandonne pas une journée par semaine pour se nourrir. L'entretien des ateliers, sous le rapport des vêtements, est généralement conforme aux prescriptions du Code noir. Le régime disciplinaire lui a paru fort doux : presque partout, les prisons en mauvais état, privées de leurs portes, ou à moitié détruites, indiquent que depuis longtemps on n'en fait pas usage : une salle ou une chambre de police, une barre à l'hôpital, à laquelle on attache pendant la nuit les esclaves dont la conduite nécessite cette mesure, ont généralement remplacé les prisons. Le fouet est d'un usage rare, et c'est seulement dans les cas fort graves qu'il est administré avec la latitude accordée par les réglements. Le travail est généralement modéré ; les noirs sont pourvus de cases situées en bon air ; les soins d'hôpital sont très satisfaisants.

Le procureur du roi n'a reçu ni plaintes ni réclamations de la part d'aucun esclave pendant sa tournée.

Il conclut en estimant *que la somme de bien-être matériel, dans les ateliers qu'il a visités, surpasse celle dont peuvent jouir beaucoup de paysans des contrées d'Europe* (1).

Les rapports du procureur du roi de Fort-Royal et de son substitut, plus sommaires que ceux des magistrats de Saint-Pierre, signalent en termes analogues la situation générale des ateliers (2).

(1) *Exposé Sommaire*, page 16 et 17.
(2) *Idem*, page 17.

Tels sont les résultats des visites des procureurs généraux, procureurs du roi et de leurs substituts, prescrites par l'ordonnance du 5 janvier 1840.

Ils sont constatés par les rapports de ces magistrats, tous nommés par le gouvernement de la métropole.

Je remércie, au nom des Colonies, M. l'amiral Duperré, d'en avoir ordonné l'impression.

Je souhaiterais qu'ils fussent lus de tout le monde ; que les journaux qui ont si souvent enregistré dans leurs colonnes des récits apocryphes, des correspondances anonymes, eussent la loyauté de publier ces rapports officiels.

Il serait démontré, même aux personnes les plus prévenues contre la cause coloniale :

Que les Colons ont été calomniés par l'esprit de secte, et par la malveillance;

Que le régime des ateliers est partout satisfaisant;

Que l'instruction religieuse des esclaves est en progrès; qu'ils sont bien nourris, convenablement logés, traités avec douceur, parfaitement soignés dans leurs maladies;

Que si quelques habitations laissent quelque chose à désirer, *cela est dû à la gène des maîtres, qui supportent les mêmes privations*(1).

(1) *Exposé Sommaire*, page 24.

Que la misère des maîtres peut seule paralyser leur bonne volonté. (1).

Des philanthropes pratiques tireraient de ces faits un enseignement utile : C'est que pour améliorer la situation des noirs, il faut commencer par rendre bonne la situation des blancs.

(1) *Exposé Sommaire*, page 25.